JEAN BÉHUE

Vue sur scènes

Une promenade parisienne

ISBN : 978-2-9548345-4-2

Invitation à l'écriture sur le vif

L'image est depuis toujours au cœur de la littérature. La photographie a donc surgi pour aussitôt entrer en résonance avec l'écriture. A peine le siècle de Daguerre invente-t-il l'impression photographique et offre-t-il au monde ses premiers « daguerréotypes » que des écrivains s'enthousiasment pour ce procédé qui incarne toute la magie de leur démarche. Capturer le réel et l'offrir au lecteur dans toute son intégrité et dans sa pleine vivacité, voilà l'ambition que s'assignent tant d'écrivains, et notamment ceux qui sillonnent le monde pour s'émerveiller et éveiller leurs contemporains. Une lignée d'inspirés qui, d'autant plus animés par le souffle des Lumières, trouvent grâce dans le mouvement : les écrivains-voyageurs.

Voyager c'est voir, mais voir d'une façon qui nous transforme et nous façonne. Emmener le lecteur, c'est donc le faire rêver, mais aussi l'impressionner. L'impressionner comme nous l'avons été nous-mêmes. Aussi, l'écrivain qui marche et qui dévoile met-il tout son talent à forger ses images pour qu'elles brillent comme un diamant. Atteindre la plus grande puissance d'évocation. Pour que paysages et personnages s'animent de toute leur spontanéité, qu'ils rayonnent de leur souffle vital. Chaque auteur déploie son style comme il est et comme il vit. Naturellement, parce qu'il s'impose à lui. Et c'est cette vérité du style qui éveille l'imagination du lecteur et l'emporte avec l'esprit léger de la liberté.

Savoir voir, c'est savoir recevoir. Être prêt à être impressionné. Pour être ainsi éveillé nous confie Robert-

Louis Stevenson, il est indispensable de marcher. Mais d'un pas léger. Sans s'enfermer ni dans un rythme ni dans une destination. Accepter l'imprévu et l'improviste, forger son chemin au fil de la marche. Mettre en sommeil ses intentions, laisser vagabonder son regard et sa pensée. Se découvrir le don d'être en sympathie avec le monde. Et s'oublier dans un infini silence pour entendre le monde résonner en grand. Voir comme au premier jour. L'étincelle brille, elle éblouit même. Au point que d'un léger oubli jaillira l'unité, le parfait instantané. Alors il est temps d'écrire, en convoquant son talent, en transmettant son élan, pour tailler le diamant. Savoir voir, c'est savoir marcher. Avancer en toute liberté. En communion avec le monde.

Dans les pas des écrivains-voyageurs sont les promeneurs et les flâneurs qui, en spectateurs éveillés de la vie des villes perpétuent l'œuvre de leurs inspirateurs. Songeons à Robert Walser qui offre à ses contemporains de s'envoler du quotidien pour s'émerveiller de l'éblouissante poésie de la réalité. Il s'agit d'être l'homme de la foule, le peintre de la vie moderne tel que le rêve Baudelaire le poète, Baudelaire le promeneur. Ainsi disposé, nul n'est besoin de préciser qu'il s'agit plus que jamais d'avancer d'un pas léger, la plume pleine de vivacité. Mais avec les promeneurs, le récit disparaît petit à petit. Aux grandes aventures autour du monde et aux rendez-vous avec la nature se substitue l'accumulation chaotique et poétique d'instants de vie. Il est toujours possible de dessiner un portrait, mais il faut chercher l'histoire dans la composition, dans la recomposition. L'auteur se fait entièrement style.

L'image imprime son style à l'écrit. Et le sujet s'efface pour offrir la pleine lumière au spectacle. Aussi faut-il regarder du côté des pionniers de la photographie pour trouver les plus proches héritiers des écrivains-voyageurs, et surtout des promeneurs et autres merveilleux flâneurs. Il avait davantage l'âme d'un pionnier que d'un héritier, mais quand Henri Cartier-Bresson se jette dans la foule du monde pour mieux embrasser l'humanité, l'essentiel est de même nature : il s'agit de capter l'instant crucial. Faire de la photographie un instantané de vie, le seul véritable instantané de réalité. L'appareil photo a remplacé le stylo, mais l'ambition poétique reste la même. Aussi peut-on, en suivant le fil de ces reportages, vagabonder avec légèreté dans la vie d'un quartier, d'une ville ou même d'une nation, plongeant d'image en image au plus profond de leur âme. Poursuivre le voyage, en voyant défiler le plus poétique des paysages : l'humanité dans toute sa spontanéité.

Aujourd'hui, et alors que s'est imposée la *street photography*, on pourrait croire l'aventure finie. Elle n'en est pas moins le chaînon d'une évolution qui a vu disparaître le récit et son narrateur, pour imposer dans toute sa splendeur la scène de vie, l'instantané. Capter l'essentiel, capter l'étincelle. Sur le vif. En un regard. Sans avoir prévenu ce style d'écriture m'est venu, au coin de la rue. Sous une forme inconnue mais qui s'est imposée. Que j'envisage et que j'offre aujourd'hui comme une possible héritière de la longue tradition de l'écriture photographique, une sorte d'écriture sur le vif, de *street writing*.

Jean Béhue

Personne ne l'a vu entrer. Ou presque

Personne ne l'a vu entrer. Ou presque. Le soleil berce le wagon, et par-ci par-là, on s'assoupit, on oublie sa petite vie. Quand tout à coup, résonne une note de guitare. Aussitôt deux ou trois personnes se retournent, réveillées, surprises, dérangées. Quelques accords et le nuisible se met à fredonner. C'est une chanson douce, une chanson d'amour, presque une berceuse. Les visages s'apaisent. Ils montent dans le train de la mélodie, redécouvrent un paysage de silence, un véritable océan de bienfaisance. Le musicien a fait preuve de vraie science, le voilà artiste, poète, magicien. Quelques-uns pensent déjà à lui laisser une pièce, il le mérite bien. Soudain, la station est annoncée. La chanson s'effondre. Le charme est rompu. Déjà le bruit reprend le dessus.

Il y a mille et une façons de courir

Il y a mille et une façons de courir. En quart de lune, comme une virgule, la tête et le dos légèrement courbés, comme pour prendre le vent ; en file indienne, avec devant ses enfants, et derrière la maman, aux couleurs coordonnées et au rythme légèrement détaché ; en solo, avec le casque et la sono, pour ne pas écouter son corps, ne pas profiter du décor, seulement s'enivrer de l'effort ; en bande, en guirlande, en rigolant plus qu'en courant ; en soufflant, les yeux exorbités, les cheveux mouillés, le visage rouge ensanglanté, comme rescapé ; avec son chien, ni en laisse, ni en main, seulement à côté, l'air de rien ; avec une copine, la confidente des dernières combines, qui attend la récompense, le verre de bibine ; en creusant le sillon de la perspective, sur les rives argentées d'une matinée doucement ensoleillée ; en gonflant les joues et en faisant presque la roue ; en se crispant comme un tyrannosaure avec l'espoir de bondir plutôt que de courir ; en se bringuebalant, les articulations secouées par le vent, comme pour donner un coup de rame, et en finir avec cette course infâme ; avec son mari, à bicyclette, prête à sortir la gourde et la serviette ; en faisant un bruit de moteur, qui fait peur, oui peur à tous les passants, qui pensent d'un trait : mon Dieu, mais il va y rester.

Ce n'est pas un château, c'est une couronne

Ce n'est pas un château, c'est une couronne. Ça vous étonne ? Alors rapprochez-vous et bientôt c'est une muraille que vous verrez. A moins qu'elle ne se transforme en Cité au fur et à mesure que vous marchez. Tout à coup, l'intuition est claire : c'est un hôtel. Un grand hôtel, un Palace. Mais déjà il laisse la place à une fourmilière. Vous voilà sur son parterre, prêt à vous évanouir par derrière. Et que voyez-vous finalement, qui brille comme de l'or ? Un décor. Un beau et grand décor. Mais un décor. Pas un château. Versailles.

Les signes de décoration d'un univers nippon

Les signes de décoration d'un univers nippon : du noir, beaucoup de noir, de préférence laqué. Une ou deux pointes de rouge, en colonne, en baguettes, pour dynamiser les infirmités. Enfin, un fonds blanc, cassé, comme absorbé par deux petits vases qui jouent aux géantes miniatures. Et, j'allais oublier, la lumière tamisée et orientée, qui permet de manger, d'écrire et de converser, comme au bord de la cheminée. En toute intimité.

L'immigré a ceci de particulier

L'immigré a ceci de particulier qu'il demande à tous ceux qu'il croise : « et toi, combien tu gagnes ? » On le croît infâme. Lui veut savoir pourquoi il rame. Et à quel moment il pourra allumer sa BMW et penser : « Ça y est, j'y suis arrivé ».

La porte s'ouvre brutalement

La porte s'ouvre brutalement, le verre en tremble sur toute sa hauteur, une bête entre, le regard hagard, le poil long et gras, qui tient en main un cabas. Dans son sillage, un fantôme blanc aux bottes de ski, lui aussi au panier bien garni. L'énergumène jette son sac de vêtements sales sur la machine à laver, et commence à les fourrer dans la première venue. Il hésite pour le programme, se retourne vers la brochette de clients qui patiente : « C'est combien pour le blanc : 60 ou 40 ? » « C'est 60, oui, c'est 60 pour le blanc » lui répond un cachalot échoué entre deux strapontins. « Ben ouais, c'est bien ce que je dis » gémit l'énergumène à sa mère. Celle-ci a déjà lancé sa machine et va s'asseoir d'un pas assuré. Le regard perçant entre les rides, la peau du visage sillonnée, recroquevillée, presque avalée. Elle a peut-être 90 ans, mais on devine qu'elle ne se plaint pas, jamais. Le fils la rejoint après avoir fumé son joint. Il tient pas en place. Il lance bientôt : « J'ai soif ! » Sa mère est prête à sortir sa petite bouteille d'eau. « Ça désaltère pas l'eau ! » assène-t-il. « Mais si » rétorque la mère. La bouteille reste au fond du sac. Un sac de marque. Dans une laverie. Les machines tournent, la bête, la bouche entre-ouverte, fixe le tourbillon. Sa mère, elle, est plongée dans ses pensées. Mais pas assez pour ne pas lever la tête et offrir à celui qui s'en va le plus beau regard. Un regard maternel.

On voit le petit rouge

On voit le petit rouge. Et aussitôt ce sont ses cousins qui se découvrent. Avec ou sans manteau blanc, la tête en avant ou laissés en plan, ils sont là par dizaine, soudain décrétés en quarantaine. Nul ne saurait dire s'il faut les découper en morceaux, les enfiler dans un sac en lambeaux, ou bien les laisser, une dernière fois, faire le beau. Ils sont là, à la vue de tous, inoffensifs, perdant leur odeur à chaque nouvelle heure, abandonnés de tout honneur. Alors qu'ils étaient le symbole du bonheur. La forêt est en pleurs. Les sapins se meurent.

Un vieil homme au milieu de la foule

Un vieil homme au milieu de la foule des passagers qui agite la main comme on étreint. Dans le bus, derrière la vitre arrière, sa bien-aimée aux cheveux blancs qui lui rend ses baisers comme au premier instant. Et au-dessous, comme un sous-titre géant, une publicité sur le cul du bus qui clame : « L'amour ne dure que trois ans ». On voit bien que nan. Certains sont comme Peter Pan.

Toi tu continues de quêter

« Toi tu continues de quêter. Et tu nous attends pas comme une cloche ! » Les amies, le samedi, c'est prévu, elles vont faire la quête aux mini prix. Et tant pis pour celle qui se coltine l'entrée de Monoprix !

Elles n'ont pas treize ans

Elles n'ont pas treize ans, ont encore des conversations d'adolescent, et pourtant se quittent en disant : « Prête à attaquer la semaine ! » Comme si la vie était une ennemie. Qu'il fallait se préparer à combattre l'ennui, à faire la peau aux soucis, à crever avant les douze coups de minuit. Encore habillées en Hello Kitty.

Marcher c'est vivre !

« Marcher c'est vivre ! » argue la devanture éclairée d'un chausseur distingué. En face, un peu dans l'ombre, tout un bric-à-brac pour de futurs handicapés, de la canne à la ceinture de sécurité, en passant par les fauteuils roulants. On voudrait s'en aller en fuyant qu'on ne manquerait pas la pharmacie, son lot d'ennuis et de maladies. Il est temps de s'interroger sur la vie. Plus question de danser sous la pluie, il faut désormais marcher sans oublier qu'un jour ça se finira sous terre. D'ailleurs, là derrière, voilà déjà le passage Saint-Pierre. On se met à penser au jugement dernier, à se demander de quel côté on va finalement tomber. Et puis, une dernière enjambée, et on redescend sur terre. Ouf, on y a échappé ! Mais, c'est sans compter sur un commerce discret qui vous harponne d'une publicité grossière, presque vulgaire, et vous expédie au cimetière : « Préparez vos obsèques à partir de 15 € 37 par mois »...

Un vieux couple de vieilles filles

Un vieux couple de vieilles filles qui sort une réflexion de vieux cons ça donne quoi ? « Tu parles le mari il doit en avoir marre ! Porter les gamins et leurs vélos... »

Une coulée séchée

Une coulée séchée, dégoûtante, que l'on devine gluante. Sous une poubelle gonflée jusqu'à la moelle. Un sac plastique qui transperce de ses affreuses viscères. Et, derrière, à l'ombre de la misère, un fouillis de débris, une roue qui gît. Sans pneu. Juste des rayons. Qui brillent comme un soleil.

La pauvreté c'est une odeur

La pauvreté c'est une odeur. Une odeur qui prend au nez, nous arrache avec fureur de notre monde enchanté. Ce fumé est caractéristique : il sent la pisse, il pique, il irrite, il n'a rien d'un artifice. C'est l'enveloppe humaine qui se referme et, ferme toute issue à l'homme déchu.

Une p'tite cigarette

« Une p'tite cigarette ?...Ah oui, merci, c'est gentil... »
Avec un léger sourire, de ces émotions venues de loin,
qui s'échappent quelques instants d'un quotidien de
chagrin, le sans-abris recueille le don du matin. Quelques
mètres plus loin, une femme vient de l'apercevoir qui
maugrée : « Ah non, il est encore là celui-là ! » A vot'
bon cœur !

Ce n'est pas un hippodrome

Ce n'est pas un hippodrome, c'est pour le cheval un royaume. Une vraie forêt aménagée pour qu'il puisse se promener, s'échauffer, s'entraîner, ruminer, pâturer, défiler, parader. De petits bosquets habités, des chemins légèrement goudronnés, en fait des cabanes, plus ou moins luxueuses, une atmosphère plus ou moins rêveuse, endormie, comme pour oublier Paris. S'imaginer en bord de mer, marcher dans le sable, remuer la poussière, ramasser des pommes de pin, faire son jardin, mettre son costume au vestiaire, et se dire que c'est formidable d'habiter sur ses terres. Le cheval de Napoléon. Maisons-Laffitte.

Allez vous coucher bande de petits cons !

« Allez vous coucher bande de petits cons ! » Il a envie de se lever, de le gueuler au balcon. Mais il a beau être réveillé, énervé, plaqué au fond du lit en entendant l'aube qui fait *cui cui*, il a trop peur de passer pour un vieux con. Faire régner la terreur alors que ce ne sont que des mineurs, c'est forcément trop. Alors, les yeux ouverts, dans l'obscurité, il rêve d'une jeunesse ouvrière, fatiguée, harassée, qui ne passerait plus ses nuits à s'enivrer, qui saurait quoi faire. Pour le plus grand bonheur d'une fraternité retrouvée, celle des rêveurs.

Un gobelet transparent suspendu à un fil blanc

Un gobelet transparent suspendu à un fil blanc. Une sorte de gobelet volant au fond brillant. Une technique de pêcheur sans argent pour retenir le passant. Le stratagème amusant d'un doux rêveur. Que notre époque contraint à dormir dans le froid plutôt qu'à éclater de joie.

Un clodo et un poivrot qui s'engueulent

Un clodo et un poivrot qui s'engueulent devant le camion du pizzaïolo, au beau milieu des ombres qui rentrent du boulot. « Lâche-moi enculé ! » Trois mots lâchés comme des fauves, qui font peur aux mangeurs de guimauve. Les voyageurs, pressés, relèvent le bout du nez, sans cesser de se précipiter vers le quai. Ils essaient vaguement de comprendre, plutôt d'anticiper, de se protéger d'un potentiel danger. D'autres, abrités derrière le hall vitré, esquissent un sourire. Face à ce vaudeville en délire, ils sont même prêts à rire. Un peu plus loin, au dernier rang, un passager prend son café. Il observe comment la scène va tourner, et tourne sept fois sa cuillère dans son café. Il se tait. Il n'en pense pas moins.

Une adolescente au regard absent

Une adolescente au regard absent, assise dans un square déserté par les passants, une fumée de cigarette au bec qui redessine sa silhouette. Un fantôme de noir et de blanc. Et derrière elle, qui la masse et qui la détend, une sorte d'enfant, un jeune amant, innocent, le regard attentif à chaque mouvement. Une paire d'enfants, un duo d'adolescents, un couple d'amants.

J'ai un agent mais je n'en fais qu'à ma tête

« J'ai un agent mais je n'en fais qu'à ma tête » déclare une starlette dans un petit journal pris à la sauvette. Quel amour de minette se met à penser l'homme au costume gris, qui rentre tranquillement chez lui. Il s'imaginerait bien au bras de la souris, au volant d'une belle Ferrari. Ah, si seulement !...Ah, si !...Si ! Se dit-il assis, légèrement avachi, sans énergie.

Une mer verticale, figée dans la tempête

Une mer verticale, figée dans la tempête, une vague arrêtée net et surtout, surtout, beaucoup d'arêtes. Qui se reflètent. Vertes, turquoises, grises, noires, blanches, de toutes les couleurs de la planète. Mais pas de mouettes, juste des pigeons. Et, le regard à l'affût de la moindre miette, des requins par milliers qui se faufilent entre les silos à millions. Une certaine idée de la civilisation. La Défense.

Une petite mémé écroulée dans un fauteuil

Une petite mémé écroulée dans un fauteuil en plastique moulé, l'œil noyé dans la perplexité. Une marée humaine de gaminettes à l'affût des dernières lunettes, vestes en strass et paillettes. Des ados à la recherche de leur premier cadeau. Des enfants qui rêvent d'une peluche éléphant, quoi que ce soit pourvu que ce soit grand. Des couples qui se regardent dans la glace avant de prendre une coupe de glace. Des vigiles immobiles, des vendeurs agiles, des vendeuses graciles. Des familles collées aux mamans comme à des aimants, des solitaires errants, de verts passants, tantôt rouges, tantôt bleus, tantôt blancs, reflets d'un univers brillant qui disparaît chaque fois qu'on éteint le courant. Un centre commercial. Une galerie.

Un masque africain au milieu de vieux bouquins

Un masque africain au milieu de vieux bouquins. Des souvenirs qui se sont envolés, partir à nouveau pour à nouveau se sentir vivant. Un vieux paravent surchargé de vêtements, l'envie de changer de mode, de rester à la mode, et tant pis pour celles qui brodent. Les vieilleries ont fait leur temps, il est temps de vivre au présent. Sans hésitation on se sépare d'une collection, comme si on était arrivé au bout d'une passion. Il y a encore quelque émotion au moment de la passation, mais bien vite le jeu reprend. Un coup de trompette, un bruit de clochettes, quelqu'un qui achète, une sorte d'atmosphère de fête. Un bon moment en compagnie des enfants. Ils ne peuvent pas soupçonner, ils sont occupés à vendre leurs jouets. Des coffres et des coffres de plastique bariolé qui s'étalent au milieu de la chaussée. Certains sont nettoyés, d'autres rangés, étiquetés, quelques-uns, même, sont mis en scène. Le public n'est pas assis, il déambule, mais quand même on voit une file qui se suit. Il faut avoir l'œil, avoir la main prête à dégainer, manipuler, inspecter, peser, savoir prendre un air distrait mais suffisamment intéressé, pour enfin demander : « c'est combien ? »

Aux derniers rayons du soleil

Aux derniers rayons du soleil après une journée illuminée, le cœur des amoureux s'est réchauffé et ne demande qu'à vagabonder, à bondir dans des bottes de sept lieues pour s'envoler vers d'autres cieux. L'élan printanier est difficile à dompter surtout quand de grands toits de briques s'offrent comme une passerelle romantique. Alors les pigeons viennent s'y poser en couple, se dégourdir les pieds et secouer leurs plumes, se laisser réchauffer et se mettre à rêver. Comme s'il avaient eux aussi, ce repos, mérité.

Un dimanche matin, deux banlieusards

Un dimanche matin, deux banlieusards en attente de leur train qui parlent de leurs pays lointains. Deux inconnus qui se découvrent et s'ouvrent comme on s'effleure la main. Peu importe où ils vont, ce qui importe c'est d'où ils sont. « L'Afrique est vraiment généreuse. C'est un continent où il fait bon vivre » Là-bas, il ne pleut pas, et on ne manque pas de bras, tout juste de capitaux, et de quelques hôpitaux. L'équipe de basket se permet même de jouer en NBA. C'est pas rien. Ça prouve qu'il suffirait d'un rien. Puis un silence. Et un rayon de soleil illumine la voie ferrée, comme une invitation à rêver.

Ça sent bon mais ce n'est que tromperie

Ça sent bon mais ce n'est que tromperie. C'est la boulangerie. Pas le marché. Aujourd'hui, ce n'est pas le jour des maraîchers, c'est celui des vendeurs de gadget, et des vendeurs à la sauvette. Les parasols fleurissent, les paravents se hissent, on entend des « Ô hisse ». Ce n'est pas triste mais pas encore joyeux. Une sorte d'entre-deux. Le moment de secouer les grandes nappes et de recouvrir les vieux tréteaux d'un voile brillant. Pour que le passant tombe dans le guet-apens et s'émerveille des casseroles et autres détergents. Il faut se presser, déjà les sportifs trottinent au milieu des préparatifs. Un camelot est encore posé au milieu de son tas de mannequins, de ses cartons débordants de culottes en dentelles et de porte-jarretelles. Ça rappelle un champ de bataille peint par Delacroix ou un de ses cousins. La liberté avec les tas de cadavres en moins. Faites l'amour pas la guerre. Et profitez-en pour prendre un croissant ou une bière. Le cafetier de la place est déjà sur la terrasse, à attendre cet instant de grâce où la place ne sera plus qu'une immense masse.

Une cigarette au bout d'une manche kaki

Une cigarette au bout d'une manche kaki. En fait, un treillis. On est tout à fait dans le sujet. Tout le monde a oublié qu'elle est arrivée par la guerre, et que depuis elle signe la misère. De père en fils. Sans oublier la petite princesse qui stresse aux abords du lycée.

Une grande porte en fer forgé

Une grande porte en fer forgé, au milieu d'un quartier huppé, qui s'ouvre et découvre une silhouette décorée des reflets ensoleillés de la matinée. Comme mille et un flash qui crépitent un jour de *Fashion Week*, une nymphette s'élance comme une starlette. Elle est *Glamour*, *Grazia* même, pourquoi pas *Elle*. Assurément elle n'est pas encore elle-même. Pourtant on l'aime.

Un dimanche d'été

Un dimanche d'été, à l'heure où tout le monde est devant la télé, au moment où les rues sont désertes, et les places du marché muettes. Un grand coup de marteau, le crissement d'une scie à métaux, un fracas de tubes métalliques. Une sorte d'atelier improvisé. Dans la rue, sur le trottoir, le soir. Au milieu des miroirs brisés, une famille au teint basané, la camionnette stationnée au milieu de la chaussée, qui s'affaire sans penser à quoi elle a l'air. Lui tape, arrache, démembre, et extirpe, elle, ramasse, récupère, va porter le tout à l'arrière. Tandis que la petite regarde son père, souriante et très fière, en se balançant sur la barrière. Comme n'importe quel enfant. Devant l'École Saint-Pierre. Aux portes du Paradis.

Sur le quai du labeur journalier

Sur le quai du labeur journalier, il y a un loup exténué qui regarde ses pieds en se demandant ce qu'il va manger, un travailleur qui marche d'un pas sportif, la casquette relevée, la canette dans le pif, une grand-mère et ses petites filles, légèrement fatiguées, qui poussent des valises et traînent des pieds, une petite amie qui explique la vie à son petit ami, tête baissée, qui songe en faisant valser sa montre bracelet, quelques mercenaires au sac à dos regorgeant d'objets familiers, et deux agents de propreté, hébétés devant l'entrée du wagon, attendant que leur chef leur lance : « c'est bon ! »

C'est une petite place assez unique

C'est une petite place assez unique car on y voit s'y dessiner les grandes tendances de la géopolitique. Côté soleil, une vingtaine de tables s'étalent, qui donnent le sentiment que chaque passant traverse le restaurant. Et quand l'odeur de curry les met en appétit, monsieur l'Hindou aussitôt sourit, prêt à leur trouver une place au soleil. De l'autre côté, à l'ombre, les travaux ne font que commencer, la devanture n'affiche pas encore ses grandes lettres dorées, mais on sent que ce sera bientôt prêt. Toute une famille est de corvée pour aménager le grand local, pour en faire la plus belle des salles. Noire, rouge, or, comme pour réveiller les éléments et les faire, tout à coup, jaillir en grand. Dans quelques jours, au soleil levant, tout le monde saura qu'ici le roi, c'est le Chinois. Et cela quel que soit le nombre de sandwiches que les frères fumeurs de hachisch sauront vendre à ceux qui sont toujours chiche. Il ne restera plus alors à celui qui débite des miches dans l'espoir d'être riche qu'à se remettre à faire du bon pain. Et à faire comme ses voisins du monde entier : se lever tôt le matin !

Un rocher avec deux petits yeux bleus

Un rocher avec deux petits yeux bleus. Qui glissent sur le flot incessant des passants. Une petite bonne femme abandonnée, enveloppée dans un voile rugueux. Que l'on confond presque avec le sol bitumeux. Comme un phare qui s'éteint, un marin face à son destin. Elle laisse sa volonté s'en aller et jette un dernier regard à la réalité. Tout le monde l'oubliera. Pas moi.

Un nuage de cris et de clignotis

Un nuage de cris et de clignotis. Un arc en ciel de couleurs et de chaleur. Pas de véritable entrée mais des files qui se faufilent et vous emmènent petit à petit au cœur. Au milieu des petits qui s'agrippent à leurs mamans, des grands qui cherchent à s'échapper au devant. Les manèges sont reluisants, évidemment très attirants. En plus, ça a l'air marrant. Pas vraiment de charte graphique mais une façade électrique qui vaut bien n'importe quel attrape fric. Des graffitis pour réveiller en chacun la folie, la jeunesse, la joie d'être papa. Veux-tu gagner le gros nounours ? Alors laisse-moi te tenir le bras. Après tout moi aussi j'ai le droit de jouer. Ça amuse le pépé venu respirer la vie à pleins poumons. Le sucre, la glace, le rose bonbon. Pas sûr que ce soit recommandé. Mais peu importe. Ici l'on oublie tout ce qu'on porte. On se sent léger. C'est la fête foraine !

Une rangée de tables bien alignées

Une rangée de tables bien alignées avec derrière des messieurs bien habillés, qui arborent un petit air suranné. Veste en tweed, lunettes en écailles, direction l'histoire et les historiens. Pour l'occasion le petit monde de l'édition tient salon. L'étudiante en quête d'un livre à déguster, le petit Enzo qui bondit sur le stock de BD, et tous les retraités du club d'à côté, venus en nombre se faire dédicacer le bouquin par l'animateur télé. Ça fait du monde. Mais tout le monde n'en profite. Il y a les stars dont le panneau nous dit qu'ils sont en conférence, et les passionnés qui étalent leurs beaux sujets, avec le secret espoir d'être dérangés. Dérangés par quelqu'un d'autre que la jeune fille au café, qui se délecte de son rôle de nymphette au milieu de l'assemblée des auteurs à lunettes. Que dire alors de l'innocente adolescente qui parade déguisée en reine des siècles passés ? Plus d'un voudrait l'arracher au présent sur son cheval blanc. Mais personne ne bouge. Les héros sont dans les livres. Pas dans ceux qui les écrivent.

Le p'tit bistro est devenu une sorte de resto bobo

Le p'tit bistro est devenu une sorte de resto bobo et c'est moins rigolo. Adieu l'éclairage faiblard et les bruits de comptoir, les artisans du matin ont pris le vent, en emportant avec eux leur look d'anciens combattants, leurs conversations de vauriens et leurs cigarettes du matin. Ça a mis un coup de frein aux affaires, et ce n'est pas sûr que va venir la clientèle d'affaires. C'est qu'au milieu des tables assorties et bien éloignées, il n'y a rien à faire que se regarder. Du coup, même le tenancier se demande quoi faire. Il est là derrière son comptoir, penaud. Il jouerait bien une grille de loto, mais même ça c'est fini. Je vous dis, c'est pas rigolo.

Le froid s'est brutalement invité

Le froid s'est brutalement invité, la pluie a redoublé d'intensité, et toutes les feuilles sont tombées. Une semaine a passé. Le vent est revenu des lointaines contrées et balaie avec brutalité ce qui reste des grandes futées. Soufflant sur la chaussée comme un affreux sauvage, il réveille celles qu'on croyait sages comme des images. Fauchées, bousculées, chahutées, les feuilles aux reflets cuivrés se mettent à sauter, à rouler, à tourbillonner. Et même à danser ! Tantôt la ronde des jours d'été, tantôt la valse de la grande armée. Soudain délaissées, décoiffées, elles se réfugient sur un côté de la chaussée, en attendant une nouvelle virée, une grande bouffée. C'est une question de secondes avant qu'elles ne se remettent à voler. Décidément, les feuilles mortes sont plus que jamais vivantes.

Une longue ligne droite

Une longue ligne droite, un angle droit, une courbe, puis à nouveau une longue ligne droite. Une longue préparation, une soudaine bifurcation, une douce invitation, et une ligne d'horizon.

Comme si elle retrouvait un lointain parent

Comme si elle retrouvait un lointain parent après l'avoir rêvé la nuit durant, la petite fille se jette dans la neige le visage rayonnant, et crie : « C'est Noël !» Aspirée par la joie du moment, elle dévale le trottoir glissant, en larguant parents et passants aux pas hésitants. Petites boucles noires au vent sur manteau blanc, elle nous entraîne en un instant dans un conte pour enfants. Il neige, et pour elle c'est forcément Noël. Et pour tous, grâce à elle, la vie est belle.

La semaine, ce n'est pas pareil

La semaine, ce n'est pas pareil, tout le monde regarde ses semelles. Mais le vendredi soir, rien à voir. Les inconnus du trottoir se jettent des regards pleins d'espoir. Les garçons n'en peuvent plus d'être des glaçons, ils brûlent d'envie et de mille folies. Ils déshabillent la moindre demoiselle qui se présente à tire d'aile, et se projettent aussitôt dans ses dentelles. Tandis qu'elles, triomphantes et désarmantes, jouent les libres hirondelles, dans l'attente de cette envolée marrante et démente, qui seule sera capable de révéler l'amante.

A la sortie du supermarché

A la sortie du supermarché, bien cachées dans leur robe gris moucheté, et ignorées par les voitures pressées, deux adorables petites biches se sont aventurées hors de la forêt. Loin des décors de zoo, juste pour un peu d'herbe et d'eau, les voilà un instant en voisin. Un de ces jours de froid et de faim où l'on suit plus que jamais son instinct.

Un parterre de jeunes excités

Un parterre de jeunes excités, électrisés par un bruit assommant, une sorte de pâte à modeler qu'un DJ tout puissant malaxe à volonté. Et des grumeaux qui se cherchent comme on cherche un jumeau, les yeux à l'affût du moindre plan cul. D'accord, c'est plutôt cru, mais c'est eux qui l'auront voulu !

C'est une gare

C'est une gare. Qui attire ses passagers par dizaines, par centaines, et même par milliers. A peine éclairée, et pourtant impossible à manquer. A vrai dire, il suffit de marcher. C'est automatique, comme une sorte de tic, ou une sorte de toc. Il y a les filles chic, les papas lisses, les mamans ô hisse, et puis quelques vieux schnocks. C'est un jour comme les autres. Chaque seconde s'écoule dans un flot d'images qui s'envolent. La réalité n'arrive pas à se fixer. Sauf que quelqu'un a décidé de tout arrêter. Une marche monotone résonne et résonne. Installé au piano, un inconnu est sorti du flot. Pour quelques instants, il a décidé d'oublier son emploi du temps. Impossible de ne pas se laisser distraire, de ne pas lever le pied. La réalité saisit l'instant pour se faufiler. Tout à coup, elle est là, on la voit. Des portiques s'ouvrent et se referment au son d'un couperet métallique. Chacun lève la main pour valider, et abdiquer d'un pas pressé ce qui fait son humanité. Soudain, ce n'est plus une gare, c'est l'entrée d'un abattoir.

Messieurs Dames, contrôle des billets

« Messieurs Dames, contrôle des billets... » Encore un wagon à inspecter. Encore une fois, on ne va faire que passer. Et pourtant celle-là, qu'est-ce que j'aimerais lui parler. Sans y penser, voilà le contrôleur lancé. « Je laisse ma collègue travailler... » confie-t-il l'œil roublard, cherchant du regard le premier rang de son spectacle improvisé. Ça accroche, ça relève le nez. « C'est comme pour la cuisine, faut pas les arrêter !... » Il voit qu'il a fait mouche. Les grands-mères ne savent pas si elles doivent s'offusquer, elles se contentent de rire, emportées par l'esprit de communauté. La bimbo, elle, a le regard acéré. Mais son couteau est au fourreau, elle se garde de regarder par en haut. Il le sait. Il n'a plus beaucoup de temps. Il l'interpelle : « C'est un peu rude, non ?... » « Oui » renvoie-t-elle, d'un sourire tranchant. Il est content, il a brisé la glace. Il peut profiter de son élan. Il en rajoute, histoire qu'elle soit sûre qu'il parle au second degré. Le vide le rattrape. « Bon allez, nous mets pas en retard, lance-t-il à sa collègue,...ah les femmes !... » Voilà un contrôleur rigolo se met à penser le vieux macho. Pas sûr en revanche qu'elles pensent la même chose. Au milieu des derniers gloussements, on sent qu'un sentiment s'échappe comme une bulle de bande dessinée : « Quel con... »

Il ne donne la main à personne

Il ne donne la main à personne, mais ne sort pas sans son téléphone. Il effleure le monde du bout des doigts, mais ignore jusqu'à l'ombre de sa foi, qu'il écrase de tout son poids. D'un pas assuré mais sans entrain, il sort de chez lui sans même avaler une bouchée de pain. Et il se met aussitôt à relier les différents points de son itinéraire quotidien, sur un air d'éternel refrain. Demandez le parisien du matin !

Tout le monde lit

Tout le monde lit. Le militaire au manteau vert éclair, qui s'est envolé loin de son armée, emporté par les sirènes d'une grande épopée. L'étudiant au pantalon de velours et à la barbe de trois jours, qui s'évertue à rester concentré sur les pages de *L'Homme révolté*. La jeunette en quête d'une amourette, qui se laisse caresser par des phrases du type : « Il avait pour Jeannette des pulsions de bête ». Tout un programme...Qui laisse pantois le blouson rouge vif. D'apparence raplapla, il a la bougeotte, les lèvres qui sifflotent, le pied qui tapote. L'envie cachée d'envoyer valser l'ordinateur bien posé sur son pantalon bien repassé. Il pense à son jardin, à ses enfants, à tous ces moments qui sont sa vie, et qu'il n'échangerait contre aucun roman.

Un papa qui, soudain, se transforme en père

Un papa qui, soudain, se transforme en père autoritaire, se retourne violemment et crie sans retenue « T'es stupide ! » Trois fois de suite, de plus en plus fort. Le garçonnet, arrêté, est figé, saisi par la peur, les mains recroquevillées, les lèvres glacées, les poumons oppressés. Cette leçon, il ne l'oubliera jamais : on peut être violent sans raison, du moment qu'on est le plus fort. Est-ce vraiment ce qu'on doit inspirer à son garçon ?

Comme le signe d'allégeance de tout un royaume

Comme le signe d'allégeance de tout un royaume conquis, les grands arbres se sont inclinés pour prêter le flanc aux infamies. Le souffle coupé par ce corset trop serré, ils attendent patiemment le jour où le lierre sera coupé, et où ils pourront se relever devant Sa nouvelle Majesté.

Un sac à main et une écharpe rose bonbon

Un sac à main et une écharpe rose bonbon en signe d'adhésion, un ou deux vilains mots lâchés sur un ton un peu haut, la voilà partie faire la manifestation. Non de non affiche-t-on avec émotion sur de grandes pancartes en carton, il est temps de faire la révolution. Ni une ni deux voilà des familles entières de millionnaires et de rentières qui occupent le wagon, bien décidées à en découdre avec l'opposition. Un ou deux jeunes crânes rasés en permission sentent qu'aujourd'hui on peut faire fi des conventions ; ils entonnent une mauvaise chanson apprise au son du clairon. Ni gaie, ni triste, plutôt limite. Mais il suffit que le train démarre pour qu'on en finisse. A peine un kilomètre que voilà tous les apprentis Danton affalés dans leur vison, prêts à faire un beau ronron. Comme dans leur voiture de maître, ils ne rêvent plus que de leur édredon, et s'en remettent calmement à leur maître. Justement, qui est-il ce maître ? Ce curé qui, en rit-on, leur a lancé le matin même : « Et n'oubliez pas le shopping sur les Champs-Élysées ! »

Un manteau vert de guerrière

Un manteau vert de guerrière, du noir sur les paupières et, un bijou en fer. Elle n'en a pas l'air mais, sa plus tendre prière, c'est un garçon qui sera pour elle comme un frère.

Une file indienne de vélos

Une file indienne de vélos verts menée par une demoiselle hirondelle qui virevolte entre les secrets de la cité. C'est l'été et le tourisme a repris ses quartiers.

Un jardinier paresseux

Un jardinier paresseux qui a laissé pousser le gazon. Un horizon de petites marguerites en bourgeons. Un gazon parsemé par les flocons de la nouvelle saison. Et une petite fille penchée, qui ramasse les premières fleurs avec précaution. Le premier papillon.

Comme de p'tits bouchons de liège à la dérive

Comme de p'tits bouchons de liège à la dérive sur un océan sans rives, les p'tites têtes du matin se déversent dans un même courant, et aussitôt transforment le quai en tapis flottant.

Un regard filou croise un regard flou

Un regard filou croise un regard flou. Aussitôt, celui-ci dégaine, et ricane de celui-là. Le poisson est saisi. Il relève le menton et en un instant se tend. Il veut se faufiler entre les mailles du filet. Il prend soudain un air suffisant. Mais ce n'est pas suffisant. Ça n'arrête pas les pensées du pauvre diable en loques puantes et dégoulinantes. Cette bedaine proéminente, se met-il à crier la bouche fermée, ça ferait un bon dîner ! Le mangeur de foie gras est pris d'effroi. Soudain il a froid. Il vient de perdre la foi.

Il trottine comme un fier destrier

Il trottine comme un fier destrier aux côtés de son chevalier défroqué. Accroché au chariot de son maître qui ne sait par où errer, c'est lui qui tire la laisse. A quatre pattes, il voit la vie en grand. Se promener toute la journée, ça n'a pas l'air de l'embêter. Au contraire, c'est pour lui une fierté. Le signe de la liberté.

La route résonne de roulements réguliers

La route résonne de roulements réguliers. La journée touche à sa fin et déjà on sent venir la nuit sur son trente et un. Le calme, enfin ! Quand soudain on entend un grognement, un affreux gémissement. Un géant émerge doucement, qui fend d'un nuage blanc l'atmosphère déjà rêveuse d'une rue en veilleuse. Le camion poubelle a fini sa nuit, et trois travailleurs se font la belle. Les éboueurs accrochés à la benne rient avec chaleur. Dans leurs combinaisons de couleur, ils reflètent avec intensité les lumières des projecteurs. En un flash, les voilà transformés en lampions rouges un soir de la chandeleur. Deux joyeux marchands de bonheur.

Une grande nappe rouge au milieu de la pelouse

Une grande nappe rouge au milieu de la pelouse. Un joyeux étalage de reliques qui font « clic ». Et un motard aux longs cheveux blonds qui attend tranquillement en bouquinant. Une bouteille de blanc à portée de main, les bottes de cuir posées comme un coussin. Ça fait du bien. Un gentleman aventurier s'est posé au milieu des marchands. Et attend le moment de reprendre sa moto pour vivre ce qu'il aime : la photo.

Des T-shirts lancés au plus haut

Des T-shirts lancés au plus haut au-dessus de la bouche de métro. Des bulles de Badoit qui s'envolent sur les parois, une ambiance de joie digne d'une pub Coca Cola. Une insouciance pétillante. Il est vingt heure trente et les petits forçats au teint basané ont repris leurs droits sur leurs aînés. Protégés par la barrière de l'interdit, au milieu d'un parc improvisé, juste avec un jeu rigolo, les voilà à nouveau des enfants. C'est touchant. Pas un passant ne s'arrête un instant. Et que dire des mamans !

Un grand sac plastique en guise de couvre-chef

Un sac plastique en guise de couvre-chef. Haut et droit, comme un toit. Le vieil immigré est transfiguré. Au milieu des parapluies et des costumes gris, tout à coup, c'est lui le chef !

Une maman et sa petite fille

Une maman et sa petite fille qui n'est plus une enfant, croisent un jeune homme flamboyant. Il n'est plus tout à fait pour elle et, pas encore à la portée de la demoiselle. Pourtant, l'une et l'autre se jettent dans son regard comme le matin on se regarde dans le miroir. Pour y satisfaire un commun espoir : plaire.

Les deux mains sur un petit coussin

Les deux mains sur un petit coussin, les poignets collés, un vieux citadin pompe avec entrain l'air du matin pour garder la santé. Au milieu des duchesses qui promènent leurs chiens, des employés en retard d'un train et des pompiers qui courent en peloton, il respire à pleins poumons la potion du Jardin d'Eden et, repousse chaque jour l'heure des chrysanthèmes.

Monsieur n'est pas absent, il profite du présent

Monsieur n'est pas absent, il profite du présent. Bien installé sur son banc, la barbichette ensoleillée et les jambes croisées, il écoute le regard baissé et le stylo levé sa petite musique intérieure. Tandis que la fontaine d'à côté filtre pour lui les bruits extérieurs, ne l'arrosant que des ondes du bonheur.

Une guerrière en treillis

Une guerrière en treillis qui court au milieu de ses deux amis militaires, de ses deux maris de carrière. Comme une ligne de front qui remonte le flot indifférent de la population. Dans la caserne, deux frères d'armes, des gendarmes, poussent leur camion pour entretenir leur musculation. Dehors ou dedans, toute la famille se prépare à la révolution. Pendant que l'adolescent mal réveillé s'est posé sur le quai du tramway, enveloppé dans sa veste de camouflage. Dans l'attente du courage.

La main figée sur le volet

La main figée sur le volet, sur un bruit de télé encore allumée, un vieux célibataire s'ouvre à la rue et, ouvre à la vue un tableau hollandais. Une table, une chaise, un énorme ballon d'eau chaude. Figés dans l'espace et dans le temps par une ampoule qui ne tient qu'à un fil. Un modeste intérieur. Une faible lueur. Au bord de la vie, au bord de la rue.

Une petite devanture animée avec des figurines

Une petite devanture animée avec des figurines playmobil qui jouent au milieu des vieux bouquins. Un jardin d'enfant qui se joue du monde des grands, et souffle le vent sans penser aux rentrées d'argent. Mais le temps passe, les jeux sont bientôt faits, et la bonne fée se fait toujours attendre. Un libraire célibataire vient de se réveiller après des années à voyager par la pensée, l'air noyé. La réalité vient de l'inonder. Les cheveux à peine coiffés, le pull flottant encore des caresses de sa maman, il reste figé, hébété. Il faudrait tout vendre, tout quitter pour enfin commencer. Fermer les livres et se laisser porter. Comme une plume. Vivre.

Une couleur, des mèches

Une couleur, des mèches, un ou deux bijoux à quatre sous. Un pot de beurre luisant incapable de dissimuler ses bourrelets. Le tout enveloppé d'un halo noir qui se voudrait cape d'invisibilité. La femme de bureau essaie de se faire beau. Il le faut.

Plantée en attendant sa monnaie

Plantée en attendant sa monnaie, la caissière détourne le regard sur le reste de la bande, qui aussitôt l'assaille d'espoirs enterrés. Deux adolescents aux gestes nonchalants remplissent leur sac d'une bouteille de liberté, riant d'amour et d'amitié, occupés à se chercher, à s'extirper de la pesanteur du grand lycée d'à côté. Coupant un à un les fils de leur prison dorée, ils semblent déjà s'envoler vers ce banc où ils se raconteront n'importe quoi, s'embrasseront n'importe comment. En un instant, dans le vent. Tandis que l'adolescente sacrifiée n'en finit pas de se vider, frappée par la réalité de sa jeunesse depuis longtemps évaporée. Les cheveux courts et décolorés, dressés sur un visage gonflé.

Sous mon parapluie

Sous mon parapluie, il y a des amies qui se serrent pour se mettre à l'abri, une petite hôtesse qui accélère le pas pour épargner son mascara, et là un bonhomme tout gris courbé sur le trottoir tout gris, qui disparaît derrière un pépé à casquette qui ne veut vraiment pas que le ciel lui tombe sur la tête, pas comme la petite mamie qui flotte au-dessus des ennuis, protégée par un simple et joli foulard fleuri. Enfin il y a deux petites filles qui sourient avec éclat à leur maman. Pour la plus grande joie de leur papa qui, dans quelques secondes, les verra comme s'il était là et répondra : je vous aime mes chéries.

Trois Japonaises derrière la barrière aux moutons

Trois Japonaises derrière la barrière aux moutons, qui bêlent pour attirer leur attention. Et puis, de rires en rires, les voilà qui se transforment en chats, en canards, et même en corbeaux. Toute la basse-cour y passe. Peu importe ce qui se passe autour. Fatiguées d'avoir beaucoup visité, elles sont en pleine récréation. Dos tourné à cet incontournable château, bien plus beau en photo.

Les lames de bambou claquent sur les tréteaux

Les lames de bambou claquent sur les tréteaux mal ajustés, qu'on remet en place à petits coups de pied. Les sacs plastiques sont déchirés, éventrés, pour libérer les articles compressés et, vite, les disposer. Il y a déjà quelques passants, pas encore de vrais clients. Rien ne presse, c'est la routine. Chacun connaît sa combine. Un camelot sifflote, en lâchant de temps en temps un mot joyeux à son voisin du matin. Ces deux-là se connaissent bien. Ça fait des années qu'ils étalent leurs articles de trois fois rien, en espérant bien vendre une ou deux chemises, un sac, une valise. A côté, ça sent bon, heureusement. Le marchand de fruits et légumes est terrain neutre, sert de barricade avec le boucher et le poissonnier. De ce côté-là, on est presque prêt. La viande brille d'un rouge tranchant, les poissons font la ronde autour des citrons et, on embroche les derniers poulets. Encore quelques instants, et on entendra crier et grailler dans tout le quartier. Il s'agira d'être commerçant. D'y aller sans les gants pour attirer le client. Lui donner envie de dévorer la vie à pleines dents.

Lunettes de soleil roses et visage impassible

Lunettes de soleil roses et visage impassible, le buste droit et les mouvements lents, le prélat se fait promener dans sa papamobile. Sous le regard curieux et envieux des enfants sans papa ni maman, alignés sur le banc pour manger. Avec interdiction de bouger. La maîtresse se fâcherait.

Une dame fort distinguée

Une dame fort distinguée, au chignon serré et au pas cadencé, tient par le bout des doigts un chien excité. Haletant, furetant, reniflant, il n'en peut plus d'aller de l'avant. Il s'échappe de tous côtés. S'enivre de l'odeur de toutes les chiennes. Brise sa chaîne. C'est un animal. Un mâle. Un mâle qui n'en peut plus de cette femme.

De grands cris qui résonnent

De grands cris qui résonnent sur les rives endormies. Une bande d'adolescentes en vacances chahutent sur une barque, poursuivies par des garçons en mode champions d'avirons. Sous le regard d'un vieux garçon qui, assoupi par le soleil de plomb, relève aussitôt le menton. Le livre posé, presque écrasé, il est prêt à se jeter à l'eau. Les filles, regardez, c'est moi le plus beau.

La voix résonne dans l'indifférence

La voix résonne dans l'indifférence des lecteurs en errance. Pas un spectateur, pas un auditeur, mais un auteur qui parle du fond du cœur, le regard baissé, l'âme blessée. L'animateur reprend le micro, ferme l'interview, tourne la page. L'auteur s'appuie pour se lever, lance un regard d'espoir. En croise un. Il sourit. Dit merci.

La silhouette nette d'un costume trois-pièces

La silhouette nette d'un costume trois-pièces, rehaussée par des lunettes de soleil dorées. Un milliardaire de bande dessinée s'est arrêté au passage clouté, l'attaché-case aux pieds. Une poignée raccommodée. La corde usée d'un vieux poignard. Qui fait glisser le regard sur le cuir noir et, soudain, repérer les serrures en inox. De vieilles serrures en inox. Qui crient à l'intox. La réalité a rattrapé la fiction. Elle est loin l'époque d'Alain Delon. Le visage bronzé, les cheveux gominés, l'homme reprend sa marche comme un héros. Au milieu d'un monde où seuls comptent les comptes à cinq ou six zéros.

Sur un petit balcon

Sur un petit balcon aux grands barreaux fleuris, une petite fille est accroupie. Le regard baissé et les lèvres agitées, elle conte à sa poupée la plus belle des rencontres. Dans la douce chaleur d'une avenue sillonnée par les passants. A portée de sa maman.

La journée n'en finit pas de réchauffer la soirée

La journée n'en finit pas de réchauffer la soirée, et les adolescents tardent à rejoindre leurs parents. Tout au long de l'avenue plongée dans l'obscure quiétude, ils se retrouvent pour partager leurs rêves, leurs tourments, leurs inquiétudes, leurs secrets de jeunes amants. Ce ne sont plus des bancs, ce sont des nids. Des nids qui se font et se défont sous les fenêtres endormies. Demain, ils s'envoleront. Déjà.

Dans la cour de récréation

Dans la cour de récréation, les garçons ont bien retenu la leçon. Ils crient au *corner*, ils hurlent à la faute, réclament un carton jaune, et aussitôt se relancent à l'assaut du ballon, à dix dans la mêlée, en poussant du pied, en transe, en chavirant de côté, au milieu des filles qui s'étirent, qui s'élancent, qui répètent leurs pas de danse. En attrapant la balle de la main, en bloquant le chemin. En l'envoyant valser au plus haut, côté vitres, côté futaies. Pas pour s'amuser. Pour gagner. Il faut marquer. Jouer collectif. Ne pas s'arrêter. Même quand la cloche a sonné. Y croire. Comme les aînés, ces héros. Un été de coupe du monde, au pays des petites têtes blondes.

Les sandales qui claquent sur la chaussée

Les sandales qui claquent sur la chaussée au son de petites fessées, la *mama* accélère le pas, sur la trace de deux bambins pleins d'entrain. Sortis de la poussette, à peine plus hauts que deux ou trois sucettes, ils sautillent, ils scintillent. Sous le regard amusé de la nounou déjà essoufflée.

A l'écart du parvis

A l'écart du parvis, dans le renfort d'une porte condamnée dont les pissenlits forment le tapis, une sombre silhouette à la chevelure huilée et au teint buriné, avale une brique de lait à petites gorgées, les genoux recroquevillés sous une veste brillante de saleté. Une gargouille est tombée. Qui n'arrive plus à se relever. Effrayante d'humanité.

Le ventre descendant jusqu'aux genoux

Le ventre descendant jusqu'aux genoux et remontant jusqu'aux aisselles, calé sur une chaise effondrée sur un mur, un regard vicelard un brin provocateur, cherche son spectateur, le happe et le salue d'une cigarette tremblante. Le goitre impassible. La main à peine relevée. Le gobelet oublié.

Les pieds qui n'en peuvent plus de marcher

Les pieds qui n'en peuvent plus de marcher, le regard qui vagabonde, un enfant au corps de géant taquine sa planche à roulettes. A l'écart, derrière le camping-car, en guettant l'occasion de partir à la sauvette, si possible avec une jolie minette. Déjà hors de vision de ses parents, qui savourent dans le petit vent leur réveil au soleil. Assis, bien calés, installés pour l'éternité. Pas encore pris par la frénésie de voir tout ce qui est écrit.

Trois petites filles en attente de manger

Trois petits filles en attente de manger, qui tournent dans le jupon de maman en claquant des dents. La plus grande fait un écart, presse le bouton, se lave les mains avec délectation, sous des regards pleins d'admiration. Quelques pensées, quelque hésitation, et la seconde se dirige vers la source, la touche du bout du doigt, tourne et retourne, multiplie l'expérience, en espérant créer l'impatience. Mais rien. La ronde a repris. Autour du jupon de maman qui vole dans la danse. Jusqu'au moment où son regard enveloppe ses petits poussins. Il en manque un. Où est-il ? « Ah, me voilà rassurée ! » entend-t-on soupirer. Sous le bouton, sur la pointe des pieds. A faire comme ses aînées.

Le manteau qui claque au vent

Le manteau qui claque au vent comme une voile dans les quarantièmes rugissants, le pas qui longe à toute allure la courbe des bordures, l'homme au regard baissé et aux pensées agitées écrit et réécrit son script, se parle à toute vitesse. Sans émettre un son. A l'abri de la contradiction. Quand soudain il sent le regard de l'opinion. Ferme aussitôt la bouche. Et poursuit son dialogue intérieur, fermé à l'extérieur.

Une ceinture jaune

Une ceinture jaune, une ceinture verte, et une petite ceinture blanche en fin de peloton, des kimonos en vélo remontent l'allée à pleine vitesse, tirant à droite à gauche, entraînés par le mouvement, cheveux au vent, avec l'idée d'arriver le premier. Suivi du regard fier et souriant d'une maman qui ramène ses petits à leur nid.

La lèvre pincée d'anxiété

La lèvre pincée d'anxiété et le regard concentré, une jeune fille tient dans son T-shirt retroussé et retourné un petit tas de piquants. Des châtaignes ? Non, ce n'est pas encore la saison, les feuilles filtrent encore les rayons. C'est un hérisson. Un petit hérisson qu'on devine abîmé et qui a trouvé refuge au plus près du cœur.

Accroupie sur le muret

Accroupie sur le muret, en train de méditer, allongée de tout son long comme une invitation à un compagnon, élancée comme une statue grecque, telle une nymphette, embrassant l'écran aussi fort que son amant, pinçant l'antenne de la demoiselle en jouant d'un effet d'échelle, toute seule ou avec son amie pour la vie, quand on visite Paris, il y a mille façons de poser pour l'éternité, surtout au Trocadéro, en plein soleil, sur la Seine, face à la Tour Eiffel.

Sur le bord du quai

Sur le bord du quai, caressé par les derniers rayons chauds de la journée, les jambes pendues qui rebondissent comme un pendule, un jeune homme s'est offert une entracte pour voir défiler le dernier acte : un cygne aventurier qui longe la rive à l'affût du moindre signe, même infime, une main tendue, une miette de pain, mais rien. Si ce n'est une péniche qui fait vrombir la quiétude du soir. L'inquiétude de ceux qui n'ont pour dortoir que le noir.

Le long de la gouttière

Le long de la gouttière, à déchirer en coup de vent en passant, Jade se propose de garder vos enfants. Sérieuse et méticuleuse, elle a tout pour vous rendre heureux. Comme Frédéric le matheux. Qui fait polytechnique et s'y connaît même en physique. Pour une somme modique, il vous ouvre les voies du génie, ou plus simplement, d'une vie à l'abri. Pas une vie à rêver dans les livres ; d'ailleurs, n'est-il pas temps de vous en séparer ? Contre quelques deniers, on vous offre un peu plus bas de vider votre grenier, pour faire place nette à vos luxueuses emplettes. Et si, par hasard, il y a encore quelque chose qui vous embête, ne vous prenez pas la tête, faites le dernier numéro. Il vous promet de répondre à tous vos travaux. C'est sincère, la gouttière vous invite au repos. Alors, déchirez donc un bout de papier et laissez couler !

Face à face

Face à face, séparés par un mètre d'indifférence qui ne fait pas grande différence, une terrasse de squelettes en claquettes aux bras de brioches bedonnantes qui sirote sa fin de journée et, un banc enseveli sous un jogging débordant, avachi dans le bruit, abruti par une journée d'errance, digérant en grommelant une vie qui n'en finit pas de traîner.

Un T-shirt Harvard

Un T-shirt Harvard tout de pourpre étincelant, animé par une petite tête à lunettes, suit de près la poussette en s'agitant : « parce que le cœur envoie de la chaleur au cerveau... » professe-t-il à une jeune femme énergique, une petite asiatique, en manquant de se prendre les pieds dans le caniveau.

Le pantin faisait sa ballade

Le pantin faisait sa ballade du dimanche matin, la veste déboutonnée et le foulard noué, quand soudain il fut surpris dans sa rêverie par deux jeunes de rien, qui lui disent d'en bas qu'ils ont faim. Alors la mécanique desserre son frein, ses deux mains tapotent ses poches, et d'un air cloche, se redressent et miment un « haut les mains ». Vous voyez bien, je n'ai rien. Peau de lapin !

Table des matières